编　　著

广州市番禺区地方志编纂委员会办公室

主　编

谭锦沛

执行主编

杨达超

摄影 · 文字编辑

杨达超　廖海滨　黄学明　莫媛媛

电脑美术编辑

郭锦华　林浣祺

目　录

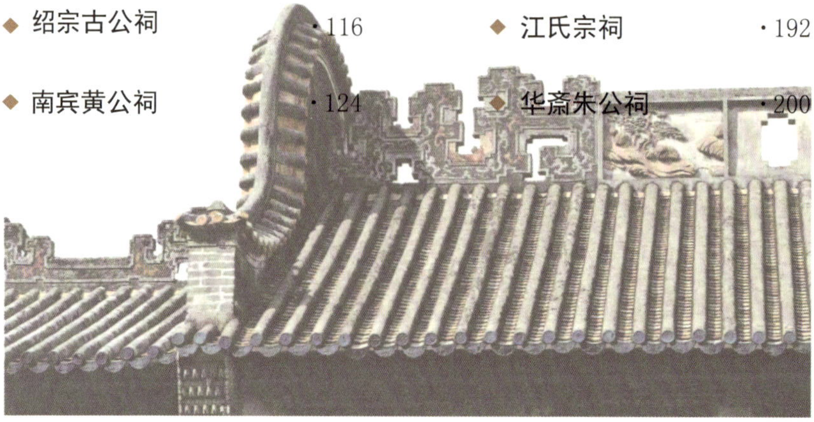

番禺古祠堂

古祠堂系列三

广州市番禺区地方志编纂委员会办公室 编

方志出版社

图书在版编目（CIP）数据

番禺古祠堂. 3/广州市番禺区地方志编纂委员会办公室编. -- 北京：方志出版社，2013.4
ISBN 978-7-5144-0859-1

Ⅰ.①番… Ⅱ.①广… Ⅲ.①祠堂-介绍-番禺市 Ⅳ.①K928.75

中国版本图书馆CIP数据核字（2013）第063488号

番禺古祠堂（三）

编　　者：广州市番禺区地方志编纂委员会办公室
责任编辑：罗　滔

出 版 者：方 志 出 版 社
（北京市建国门内大街5号中国社会科学院科研大楼12层）
邮编　100732

发　　行：方志出版社发行部
（010）85195814　85196281

经　　销：新华书店

法律顾问：北京市大禹律师事务所

印　　刷：广州市银裕彩印有限公司

开　　本：787×1094　　1/16

印　　张：21.5

字　　数：167千

版　　次：2013年4月第1版　2013年4月第1次印刷

印　　数：0001～2500册

ISBN　978-7-5144-0839-1/K·692　　定价：80.00元

小谷围街古祠堂 ·201

新造镇古祠堂 ·297

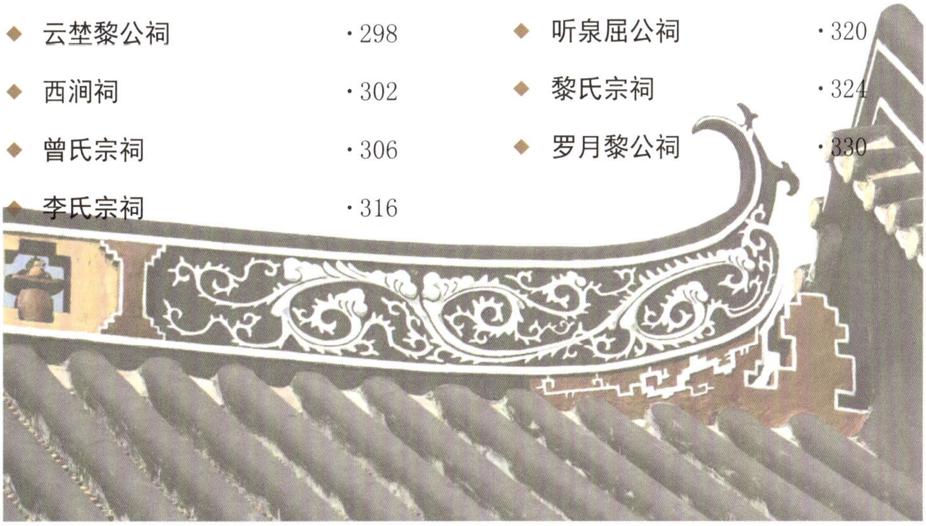

序

在漫长的中华文明进程中，番禺，这座历史古县似乎从来没有缺位。她的文明起步，恰恰是整个南粤文明的起步；她的文化厚度，恰恰构筑起整个岭南文化的厚度。她始终以清晰、坚韧而又无比活跃的生命线立体地向世人呈现了历史的嬗变，绵延千年，薪火传承。

番禺，始于春秋百越，立于秦朝嬴政。秦之郡治，由是兴焉。曾为南越先民聚集之地，亦为中原文化融会之都。历为汉之南越、三国之州城、晚唐之南汉、隋朝之番州，数经府治、省治、道治，此为古之番禺。今之番禺，民国迄今，历经番禺县、番禺市、番禺区，数易辖地，与日俱进。广州南拓之地，亚运闪耀之星，古之郡府，今之新区，一古一今，一旧一新，互为兴荣，千秋万载。

前尘往事越千年，兴衰谈笑间，古老的县府分分合合几经沧桑，历代的人文郁盛，为这里留下了众多的文化遗存。在番禺，芭蕉滴翠、小桥流水，沙湾粤韵，一曲《雨打芭蕉》绕梁回荡，清末“何氏三杰”奠立起广东音乐。在番禺，舟楫往来，龙舟竞渡，百舸争流，一首《赛龙夺锦》再现了龙尾飘逸、万桨齐发、一河两岸、欢声雷动的震撼。在番禺，古民居群、古村遗址史载千年，宗祠庙宇散落各处，犹如沧海遗珠，记载文明，兴叹往昔。它们既是美不胜收的艺术珍品，又是鲜活的历史作品。一祠一巷、一梁一柱、一砖一瓦，都足以烘托出这座古县的厚重底蕴与特质。

欣逢盛世，溯古识源。番禺古祠堂独特的历史价值和审美意义触发了我们编辑出版具有历史性、资料性和可读性，图文并茂，雅俗共赏图书，以向社会更加深入地介绍番禺祠堂文化的构想。为还原番禺古祠堂的原始面貌，真实展现其内在深植于民间的宗祠文化，我们数年来深入村落实地拍摄，持续挖掘整理番禺古祠堂的人文历史资料，为《番禺古祠堂》系列丛书的编辑出版尽心竭力，虽辛且甘。

所幸，《番禺古祠堂（第一册）》及《番禺古祠堂（第二册）》相继出版后，在社会各界产生了广泛的影响，引起了番禺民间考古学者、文物保护专家以及乡土建筑爱好者的广泛关注，让我们感到无比振奋和欣慰。《番禺古祠堂（第三册）》将在第一册及第二册的基础上，通过以结构带景观、带人物、带事件的方式，着重介绍大龙街、石碁镇、小谷围街、新造镇等地的祠堂建筑结构和艺术风格，当中涉及祠堂达49多间。其中，以大龙街傍江东的古氏大宗祠（流芳堂），大龙街大龙村的阙里南宗祠（玉书堂），石碁镇莲塘村黄氏大宗祠，石碁镇南浦村的杨氏大宗祠（四知堂）保存得较为完备，颇具历史价值和研究意义。

因年代久远，时间仓促，资料收集未能完整，更兼水平有限，书中有颇多不尽人意的地方，由此也抛砖引玉，就教于读者。此外，本书所录各祠堂文字均参照《广州市文物普查汇编番禺区卷》（2008年3月第1版），特此鸣谢！

广州市番禺区地方志编纂委员会办公室

二○一三年三月十七日

概述

岭南水乡，钟灵毓秀，人杰地灵；广府古县，历史悠久，古祠流芳。番禺古祠堂，作为南粤古建筑的典范，集合禺山风光之灵气，融汇岭南山水之精华，风格独特，结构严谨，雕镂精湛。

番禺古祠堂数量多。自秦始皇三十三年（公元前214年）建县起，历有祠堂（世人祭祀祖宗或先贤的庙堂）2028座，至今保留有644座，比较完整的有368座。祠堂大小不一，风格各异，星罗棋布，并有南村镇的邬氏大宗祠（俗称光大堂）、沙湾镇的留耕堂、石楼镇的善世堂和大石镇的墩叙堂(已毁)　四大祠堂闻名于外，1座祠堂列入省级文物保护单位，16座列入市级文物保护单位，且市登记保护单位数量仍在不断增加。番禺祠堂体制之完备，数量之众多，分布之集中，规模之宏大，在岭南地区乃至全国均属罕见。

番禺古祠堂结构巧。祠堂大多表现为合院式布置，由排列在中轴线上的厅堂与两侧的卷棚顶连廊组成前后两个四合院。祠堂纵向进深及横向路数，随祠堂规格、建造者财力及用地规模形态而变化。规模较大者为前后五进，并有左、右两路或一路，一进或二进式。如沙湾何氏宗祠（留耕堂），全祠自北向南，形成一条中轴线，左右两旁相互对称，构成左、中、右三路前后五进，硬三顶结构。规模较小者只有二进，中间天井，前为祠门，后为享堂兼祀厅。如沙头街汀根村的余氏宗祠(诒毂堂)，东环街蔡边三村子西蔡公祠等。纵观番禺祠堂群，虽然它们的规模有别，但无一不呈现出岭南建筑中轴线分明，以祖堂为核心组织院落，以院落为中心进行群体组合，内通廊式平面，四通八达，气势恢宏。

番禺古祠堂民俗浓。祠堂广泛采用了木雕、砖雕、石雕、陶塑、泥塑、灰塑、彩绘画等不同风格的工艺，既集岭南建筑装饰之大成，又呈现出自己鲜明的地域特色。

在这些祠堂群间，牌坊、砖雕、蚝壳墙、红砂岩的相互映衬，青砖黛瓦、博古灰塑、高脊飞檐、雕梁斗拱的和谐组合，集中体现了岭南建筑流派独特的艺术基调。其中，以蚝壳墙、红砂岩尤为典型。在水网交织、河产富足的水乡县内，蚝壳遍地，俯拾即是。人们就地取材，利用蚝壳大小均匀、质地坚硬的特性，配合沙石灰浆等材料，整齐划一地布列墙体，使祠堂建筑风格清新典雅，民风浓郁。此外，明代红砂岩大量用于包台、檐柱、勒脚、门边包石的建造，以及磨砖对缝的清水青砖墙包角或者隅石，使番禺古祠堂又集合了明代与清朝两者的历史建筑风格，具有特殊的文化品位和历史价值。

番禺古祠堂形式美。祠堂大多依山傍水，花木扶疏，极似古时的深宅大院。祠堂屋脊两端高翘，并配以龙头、鳌鱼、仙鹤等装饰，寄寓美好吉祥、健康长寿。祠堂的墙体、两侧的山墙，多附有精致的砖雕刻装饰，图案精致生动，活灵活现；山顶的灰碌筒瓦、封檐板，架梁上的柁墩或驼峰，架梁柱下面各式的柱础，大门下面承托门扇的门枕石，仪门的额枋斗拱也各具特征，饰以雕刻。堂内墙上壁画以戏曲人物、花鸟虫草为题材，画面华丽夺目，构图精美。

番禺古祠堂底蕴深。祠堂主要以姓氏祠堂（即族姓祠堂）为主，始建于宋元、盛于明清，随着朝代的更替与宗族的盛衰而亦建亦毁、亦迁亦修。因而，一座古祠堂往往又是一幅历史的长卷，紧系着宗族姓氏的命运沉浮，见证着人间的沧桑变幻。祠堂上的诗词楹联赋、碑刻雕塑镂、牌匾额堂号以及祠堂本身所附、所载、所涉，林林总总，无一不寓意深刻，浸润着浓郁的传统文化、社会文化、地方文化、氏族文化。

番禺古祠堂，从选址造型、布局朝向、风水环境到门坪巷房墙的整体和谐，从建筑法式型制、结构风格、取材用料到雕塑油画漆饰的精工细作，处处洋溢浓郁的古典诗画情调和强烈的岭南文化气息，是番禺民间艺术和民俗文化千百年来沉淀的结果。祠堂的门、院、廊、厅、窗、栏、乃至墙体、架梁、花檐、脚门、雀替、墀头，所有这些，都有尽溢于表的形式之美，饱蘸人文内涵的艺术之美，它们镌刻着曾经的文明与繁华，浓缩成番禺独特的祠堂文化。

山顶
窗花
墙檐装饰
狮型神兽
山顶正脊上的鳌鱼
正脊
盘头
上身
墀头
下碱
左侧衬祠
左侧青云巷
包台
门枕

显宗祠(凝德堂)头门示意图

滴水剪边
正脊上的灰塑
灰塑斗拱
牌坊上的门额

显宗祠（凝德堂）牌坊示意图

青云巷山顶
封火山墙
夔纹灰塑
清水砖墙
青云巷上石额
青云巷山顶上的狮型神兽

南哇陈公祠青云巷屋檐示意图

山顶夔纹灰塑装饰
山墙博风板
正脊东段
右侧连廊
清水砖墙

梁氏大宗祠一进山顶示意图

挑头石雕
夔纹灰塑装饰
灰碌筒瓦

蔡氏大宗祠镬耳封火山墙示意图

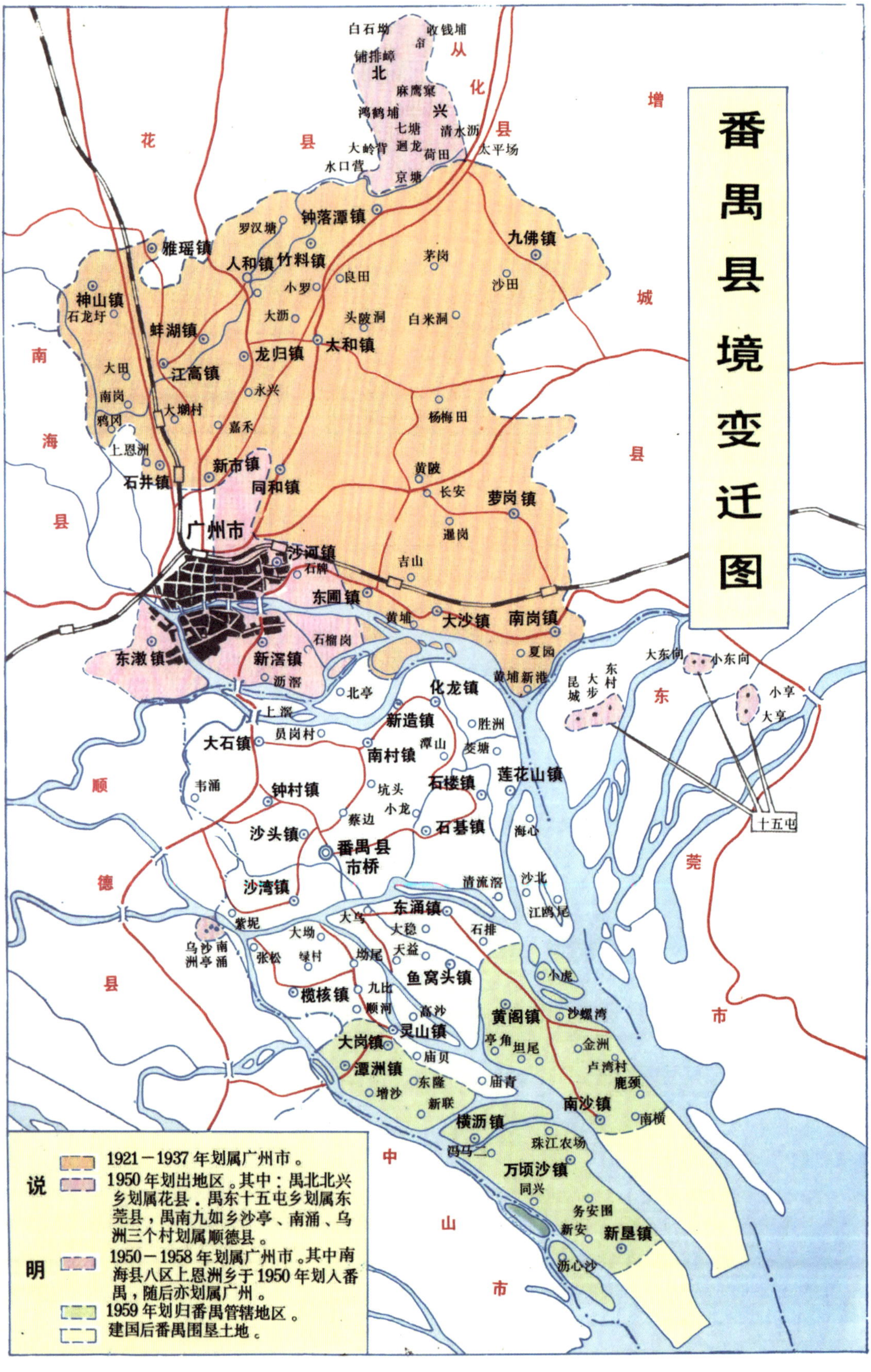
番禺县境变迁图
说明
1921－1937 年划属广州市。
1950 年划出地区。其中：禺北北兴乡划属花县，禺东十五屯乡划属东莞县，禺南九如乡沙亭、南涌、乌洲三个村划属顺德县。
1950－1958 年划属广州市。其中南海县八区上恩洲乡于 1950 年划入番禺，随后亦划属广州。
1959 年划归番禺管辖地区。
建国后番禺围垦土地。
花县
从化县
增城县
南海县
顺德县
东莞市
中山市
广州市
番禺县
市桥
北兴
十五屯
钟落潭镇
九佛镇
雅瑶镇
人和镇
竹料镇
神山镇
蚌湖镇
太和镇
龙归镇
江高镇
新市镇
同和镇
萝岗镇
石井镇
沙河镇
东圃镇
大沙镇
南岗镇
东漖镇
新滘镇
化龙镇
新造镇
大石镇
南村镇
石楼镇
莲花山镇
钟村镇
石碁镇
沙头镇
沙湾镇
东涌镇
鱼窝头镇
榄核镇
灵山镇
黄阁镇
大岗镇
潭洲镇
南沙镇
横沥镇
万顷沙镇
新垦镇

石碁鎮大龙街古祠堂

古氏大宗祠

旗杆夹

位于大龙街傍江东村仁厚大街10号。始建于北宋宣和年间（1119～1125年），曾在明、清年间七次重修扩建，1992年,由傍江东村村民、港澳同胞捐资重修瓦面。由头门、中堂和后寝组成，建筑面积1351.64平方米。

该祠为祖先“古裔初”而建。祠堂坐北向南。前有一宽敞的铺石地坪。地坪入口1992年按原貌用白石条做围栏，地坪南面有一条小河(名兜肚弯)，前面有一档钟墙，墙脚用红砂岩石刻着鸟兽图案。地坪东西有圆拱门楼，东石额上刻着“儒传”，西石额刻着“绍笔”。祠分三路，深三进，通进深53.85米，正面为主体建筑，两侧为衬祠。硬山顶。东边衬祠石额刻着“马走”，

头门正面

西边“凤鸣”。一进头门面阔三间14.90米，进深两间8.60米。明间石额刻着“古氏大宗祠”，次间包台下石雕“富贵图”。四根石柱上石雕人物图画，虾弓梁上有石狮子，前檐板木雕花鸟人物，大门两边一对大石狮子，两副木刻对联：“国宝芳宗名昭北史，乡贤世泽望重南郊”以及“一朝国宝，三世乡贤”。大门上画有两个大将军像。

头门后是一天井，面阔14.70米，纵深13.80米，两边有连廊入中堂。

二进中堂面阔三间14.90米，进深三间14.60米。十五架梁用两根石柱和四根坤甸木柱连砖墙承托。正中悬挂着重做木匾刻着“流芳堂”，落款“海瑞题”。东西两边有偏廊，各长18.20米，宽3.80米。中堂后有一天井，纵深5米。

三进后寝面阔三间14.90米，进深三间11.85米。十五架梁前后用两根石柱和四根坤甸木柱连后墙(砖墙)承托。正中悬挂着“典型在望”的木匾，中央是放置祖先牌位的神龛，神龛前两扇屏风木雕通花，上书古代诗句，神龛内有木雕“二龙争珠”，台基用红砂岩石雕刻。祠内右边有1992年重修捐款碑记。

2002年9月，广州市人民政府公布为登记保护文物单位。

头门局部

一进背面

二进

头门木刻横匾“古氏大宗祠”

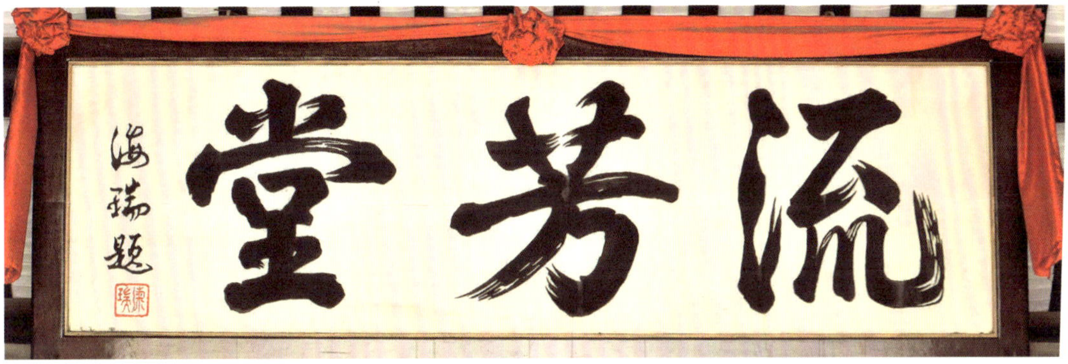

木刻横匾“流芳堂”

二进内景

连廊

二进背面

三进

神龛

头门木雕局部

屋檐局部

雀替

木雕

砖墙上的夔纹装饰

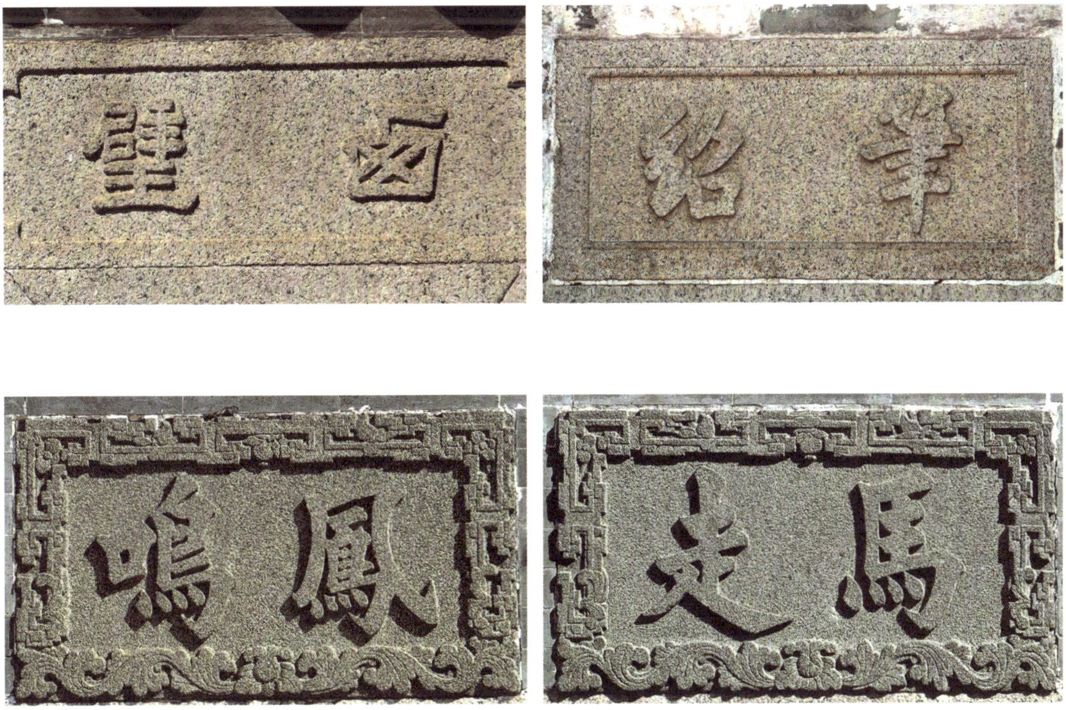

石刻门额

灰塑

灰塑

砖雕

石雕

杨氏宗祠

位于石碁镇南浦村文明大街西街。该祠为奉祀南浦村杨姓一族先祖祠。据《杨氏族谱》记载，杨氏始祖是陕西同州府华阴县人，东汉时期，先祖杨震由秉赐三叶宰相四世太尉，号封汉朝名族。始祖之三十四世孙居信公之三子季宗公，继祖为南浦杨氏族始祖一世祖。由于经商到南步下里(今南浦村)置土地，于南宋朝祥兴二年(1279年)兴建“四知堂”，后毁于光绪十三年(1887年)重建。族谱亦记载了“四知堂”来由。

杨震，字伯起，精通史册典籍，博览群书，是一位著名学者，后官至太尉。杨为人秉陛，正直清廉，傲视权贵，不与同流合污。有一次，一位名叫王密的人，带了十斤黄金暗地拜访他，求他办事，遭杨严词拒绝。王说：“怕什么，反正无人知晓。”杨曰：“怎么说无人知晓呢？我收下你的礼物，有天

头门

知、地知、你知、我知。”断然拒绝王的行贿。

该祠堂坐北向南。占地1317平方米，建筑面积800平方米。建筑结构由头门、天井、月台、拜亭、后寝、后楼组成。硬山顶，灰塑博古瓦脊。门前小广场，广场南一口池塘。

一进头门面阔三间13米，进深两间7.50米。檐口下木匾木刻花鸟图案栩栩如生，左右墙檐砖雕灰塑古人图像，两边垫台檐下各一横拱石梁上面分立两个小石狮，门前三级花岗石台阶，大门前两边有雌雄石狮相视，石狮座分两层花岗岩石垫台，上层雕花鸟图案，下层分别以蜂、猴、雀、鹿构思图雕(意为封侯爵禄之义)。门前两侧分挂对联：“太尉家声善堂口泽，平章妙貌思海乾宗”。头门大门用柚木制作，下有柚木小脚步门。门上端横匾木刻阳文楷书“杨氏大宗祠”。门内有一扇木刻屏风，门前东西各有一包台。

头门后有一石天井，面阔12.40米，深8.25米。两边分别有卷棚项走廊及硬山顶庑廊，面阔6.57米，深8.25米。

天井上月台有五级花岗石台阶，两边石雕护栏石相伴。月台前两边分砌石雕拦栅。月台面阔13米，深4.3米，左右两卷棚顶走廊及硬山顶庑廊，面阔

头门背面和天井

头门

石狮

6.57米，深4.3米。

二进拜亭，卷棚项，面阔三间13米，进深一间1.68米，拜亭两边有木雕花纹图案。

三进后寝，面阔三间13米，进深四间11.30米。大堂及拜亭用四根方形石柱和六根东京木柱承托梁架，大堂后横梁悬挂阳文楷书木刻“四知堂”牌匾（现已不存）。后寝前分别有木雕花纹图案，颇为精美（现不完整）。后寝祀台由红石砌筑，上有神龛（现已不存）。大堂两侧青云巷直通后楼。大堂两边庑廊面阔6.5米，深13米，（村民已建住屋）。

后楼前有天井面阔25.4米，深6米。后楼一进三间面阔25.4米，深5米，共127平方米。

头门内玄关

木刻横匾“四知堂”

砖墙上的壁画

二进

头门背面

连廊

木雕

木雕

雀替

封檐板

木雕

门枕石

雀替

门枕石

连廊

墀头盘头上的砖雕

砖雕

山顶正脊上的灰塑

山顶正脊上的灰塑

青云巷上灰塑

山顶正脊上的灰塑

砖墙上的壁画

神龛

陈氏宗祠

位于大龙街傍江东村祠前路6号。建于元朝。清代有重修，祠堂瓦面于1996年集资重修。建筑面积418.19平方米。该祠是供奉祖先陈耀德之宗祠，陈曾任元朝大都行军事参赞。

祠堂坐西向东。前面有一地坪。深二进，通进深29.45米。一进头门面阔三间14.20米，进深两间8.15米。硬山顶，灰碌筒瓦，陶瓦当。门口两边石砌包台，头门石额刻着“陈氏宗祠”。前廊联系枋（俗称虾公梁）上石雕纹饰精细，上有石狮子，四根方形石柱上雕刻有戏曲人物，两侧墀头上砖雕花草细腻，依然保存完好。门口对联：“颖川世泽源流远；宝砚家声荫裔长”。头门后是一面阔5.30米，纵深9.60米的石天井，两边有连廊入后寝。

二进后寝面阔三间14.20米，进深三间11.70米。硬山顶，灰碌筒瓦，陶瓦当。横梁正中悬挂“曜德堂”的木刻横匾，正中是安放祖先牌位的神龛，神龛台基用红砂岩石雕刻。

头门局部

狮型斗拱

一进背面

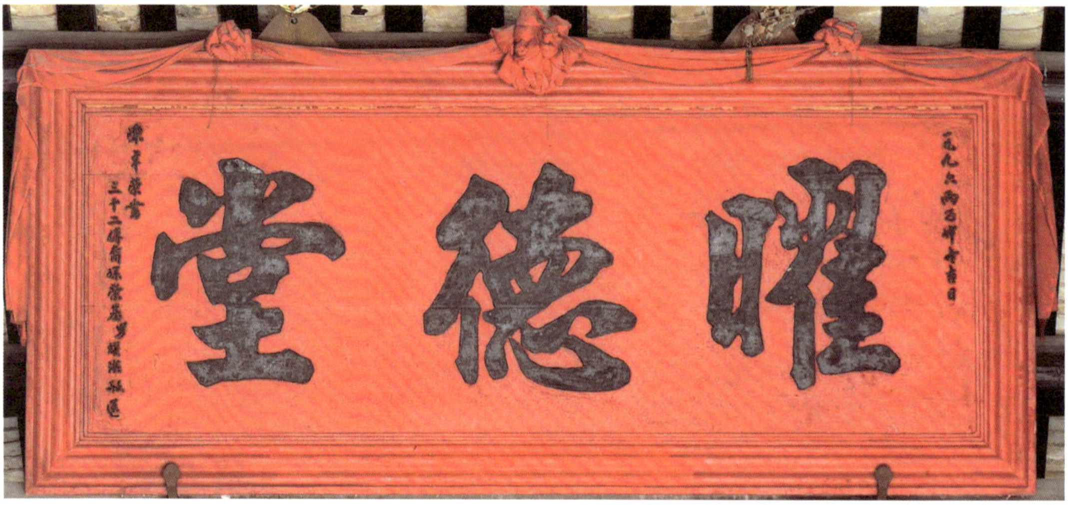

木刻横匾“曜德堂”

神龛

墀头盘头上的砖雕

各式木雕

山顶正脊上的灰塑

雀替

飞檐与正脊

石柱础

黄氏大宗祠

位于石碁镇莲塘村莲塘大街17号。建于元朝初年。明朝崇祯年间（1628—1644年）重修。占地1159.40平方米，其中建筑面积710.5平方米。祠堂坐北向南。前面开阔的地坪，右边有一个池塘。

深三进，通进深49米。主要建筑有头门、中堂、后寝和衬祠。整祠均为硬山顶，灰碌筒瓦。一进头门面阔三间14.50米，进深两间7.70米。头门顶上悬挂木刻横匾“黄氏大宗祠”。前廊施四根砂岩石柱连砖墙承托。联系枋(俗称虾公梁)上石雕纹饰精细，上有石狮子。两侧墙头上砖雕图案细腻，依然保存完好。

二进中堂面阔三间14.50米，进深三间14.40米。硬山顶，灰碌筒瓦。架梁前后用四根木柱连砖墙承托，梁架额枋遍雕花草等纹饰，檐下用木板栏边并刻

头门

有花纹。

三进后寝面阔三间14.50米，进深三间11.20米。架梁前后用四根石柱连后墙(砖墙)承重。正中是放置祖先牌位的神龛，神龛台基用花岗岩石砌成。

门枕石

狮型斗拱

头门背面

头门木刻横匾“黄氏大宗祠”

二进

雀替

三进

砖雕花窗

滴水剪边和封檐板

木雕

飞檐与正脊

山顶正脊上的灰塑

架梁

神龛

黄氏宗祠

位于石碁镇莲塘村莲塘大街13号。始建年代不详。祠堂坐北向南。前面是开阔的地坪，两边各有一对旗杆夹，为武举人黄瑞琪而立。1963年将两对旗杆夹拆掉，地坪改作晒谷场。

深三进，通进深46.60米。主要建筑有门头、中堂、后寝和衬祠。整座建筑为硬山顶，灰碌筒瓦。占地905.70平方米，其中建筑面积517.26平方米。一进头门面阔三间11.10米，进深两间9.30米。明间石额刻着“黄氏宗祠”。前廊有四根砂岩石柱，次间的联系枋(俗称虾公梁)上石雕精细，两侧墙头上有砖雕图案，工艺精细，依然保存完好。

二进中堂面阔三间11.0米，进深三间16.20米。架梁前后用两根石柱和四根木柱连砖墙承重，檐下用木板栏边并刻有图案。

头门

三进后寝面阔三间11.10米，进深三间7.30米。梁架前后用两根石柱和四根木柱连后墙(砖墙)承重。后墙中央是放置祖先牌位的神龛，神龛台基用花岗岩雕刻(已毁)。

石刻门额“黄氏宗祠”

头门背面

木刻横匾“赍成堂”

二进

木雕

神龛

飞檐与正脊

二进

山顶正脊上的灰塑

山顶正脊上的灰塑

墀头盘头上的砖雕

架梁

各式木雕

苏氏宗祠

位于大龙街罗家村水口大街4号。建于明朝末年。清朝道光年间（1821—1850年）重修；1998年苏氏族人等捐资重修。祠堂坐东向西。前面是一开阔地坪，地坪上有一兜肚弯。

深二进，通进深28.20米。正面为主体建筑。两侧有衬祠(左侧为青云巷，右侧为偏厅)。青云巷深20.70米，阔1.70米。偏厅深29.70米，阔13.20米。偏厅是供村民子弟读书的地方，1998年祠堂重修时改建成两层楼房。占地918.60平方米。整间祠堂为青砖墙体，红砂岩墙脚，菠萝格木料，双层为花托型梁，梁架下雕有如意花纹，梁头呈龙头状，檐板雕有花纹图案，地面以土制阶砖为主，博古灰塑瓦，塑有花、鸟、果、木、鱼等灰雕，墙上四周有多幅山水人物花鸟虫鱼壁画。

头门

一进头门面阔三间13.30米，进深两间7.20米。硬山顶，灰碌筒瓦，陶瓦当。明间石额刻着“苏氏宗祠”，两侧有包台，包台上各有一根红砂岩方石柱顶托梁架，墙头有两幅花鸟山水砖雕画，中门雕有松鹤长青图，中门两侧各有一厢房，厢房内有阁楼，阁楼屏风雕有竹木花鸟图案。头门后是一面阔13.30米、进深9.60米的麻石天井，两侧是连廊，连廊各有一砂岩石圆柱顶托梁架，右边连廊墙中央有一块黑色云石石碑，记载着1998年重修祠堂碑文及捐资芳名。

二进后寝面阔13.30米，进深11.30米。硬山顶，灰碌筒瓦，陶瓦当。正中悬挂一樟木横匾，上刻“宏贲堂”。堂中有四根砂岩石圆柱承托梁架，左侧墙上挂有苏氏辈分排列表，后墙中央有一个红砂岩石砌筑的神龛台基，神龛上摆放祖先神位，神龛及拜桌雕有如意吉祥图案。

头门背面

木刻横匾“宏贲堂”

山顶正脊上的灰塑

木雕

头门背面

灰塑

墀头盘头上的砖雕

正脊上的灰塑

墀头盘头上的砖雕

正脊上的灰塑

山顶正脊上的灰塑

梁氏宗祠

位于石碁镇塱边村村中大街4号。始建于明朝。清代同治年间（1862—1874年）重修。1996年由村民集资重修。祠堂坐东北向西南。前面是一开阔地坪。

祠堂深三进，通进深49.43米。正面为主体建筑，两侧为衬祠。占地1166平方米，其中建筑面积706.85平方米。硬山顶，灰碌筒瓦，陶瓦当。

一进头门面阔三间14.30米，进深两间8米。明间顶上悬挂“梁氏宗祠”木匾，两侧为厢房，龙船脊上浮雕精美。

二进中堂面阔三间14.30米，进深四间16.80米。梁架前后用八根圆木柱子砖墙承重，联系枋上木雕精细，正中挂“松露堂”木匾。二进后有连廊与三进相连，连廊由四根方形红石柱支承。左侧连廊上挂有两块碑记，一块为同治年间重修碑记，有“同治次岁戊辰仲父觳旦重修”等字样；另一块为1996年重修

头门

该祠堂。

三进后寝面阔三间14.30米，进阔四间10.70米。梁架前后用两根石柱和六根圆木柱子与后墙（砖墙）承重。后墙中央是放置祖先牌位的神龛，神龛台基用红砂岩石雕刻。

头门木刻横匾“梁氏宗祠”

头门背面

木刻横匾“松露堂”

二进中堂

灰塑

天井

山顶正脊上的灰塑

二进背面

灰塑

砖墙上的壁画

神龛

性存谭公祠

位于大龙街大龙村。性存谭公祠始建于明朝万历年间（1573—1620年）。于清朝宣统元年(1909年)重建，1999年又重修。祠堂坐西向东。前面是一开阔地坪及池塘。祠深三进，通进深35.3米。左面另一偏室长10米，宽5.50米，总建筑面积655平方米。属砖瓦结构，墙体上方均有精细的绘画，脊梁上是造工非常讲究的雕塑，绝大部分保存完好。

一进头门面阔三间14.80米，进深两间6.30米。硬山顶，灰碌筒瓦，灰塑雕花瓦脊。前廊用四根方形砂岩石柱和青砖墙承重。头门后是一面阔5.40米，进深5米的铺石天井，两边有卷棚顶连廊入中堂。

二进中堂面阔三间14.80米，进深三间9.20米。硬山顶，灰碌筒瓦，灰塑

头门

雕花瓦脊。十二架梁用四根石柱和四根圆木柱连青砖墙承重。正中悬挂“紫来堂”木刻横匾。中堂后是一面阔5.50米，进深5米的石天井，两边有连廊入后寝。

三进后寝面阔三间14.80米，进深三间10米。硬山顶，灰碌筒瓦，灰塑雕花瓦脊。十三架梁用两根石柱和四根圆木柱连后墙(青砖墙)承重。明间后是放置祖先牌位的神龛。

木刻竖匾

头门背面

木刻横匾“紫来堂”

石刻门额“性存谭公祠”

二进

滴水剪边和封檐板

二进

二进背面

砖墙上的壁画

砖墙上的壁画

灰塑

石柱础

红砂岩石柱础

山顶正脊全景

神龛

曾氏大宗祠

位于石碁镇小龙村东街5号。始建于明朝永乐年间(1403—1424年)。坐北向南。前面是一开阔的白石砌筑地坪，地坪上尚存两对旗杆夹。深四进，通进深36米。主要建筑有头门、仪门(牌坊)、大堂(绍诚堂)、后寝，两侧建有廊庑、衬祠。占地5031.20平方米。一进头门面阔三间16.80米，进深两间8米。硬山顶，灰碌筒瓦，陶瓦当，灰塑龙船脊。明间顶上石额刻着“曾氏大宗祠”，两边石额对联：上联“孝经寿世”、下联“大学传家”。前廊的联系枋(俗称虾公梁)及梁架上的斗拱、驼峰雕刻有戏曲人物纹饰。两侧墀头上砖雕纹饰细腻，依然保存。

二进仪门是砖石结构的牌楼，三间四柱三楼，歇山顶。明间额枋上施驼峰如意斗拱承托主楼出檐，次间额枋设驼峰如意斗拱承托次楼前檐。牌坊石额刻着“圣学传家”，背面刻着“孝思惟则”。两侧建青砖墙，各开拱券门通两侧廊庑。

头门

三进中堂面阔三间16.80米，进深四间12.80米。硬山顶，灰碌筒瓦，陶瓦当。用十二根柱（前后用四根方形石柱，中间八根圆木柱）与水磨青砖墙承重，梁架底部的雕花，斗拱驼峰，纹饰简朴。明间悬挂“绍诚堂”木匾。两侧廊庑设门通往后寝。

四进后寝面阔三间16.80米，进深三间 12.80米。硬山顶，灰碌筒瓦，陶瓦当，龙船脊。用六根柱（两根方形石柱和四根圆木柱）与后墙（砖墙）承重。后墙中央是放置祖先牌位的神龛，神龛台基用花岗岩石雕刻。

头门大门

头门背面

连廊

二进

二进

禮門
傳家經典永流芳

仪门

砖墙上的壁画

砖墙上的壁画

木雕

木雕

封檐板上的木雕

木雕

雀替

墀头盘头上的砖雕

墀头盘头上的砖雕

石阶

孔尚书祠

位于大龙街大龙村。孔尚书祠是唐朝兵、礼二部尚书孔戣的专祠。《番禺小龙房孔氏家谱》有云："尚书祠在阙里南宗祠右，乃三十八世唐岭南节度使、兵礼二部尚书孔戣公之祠也，兼祀各祧祖。"

孔戣(750—824年)，字君严，孔子三十代孙。唐德宗(780—805年在位)时擢进士。曾任郑滑节度使、侍御史、大理卿等职。唐元和十二年(817年)由国子祭酒拜御史大夫，授广州刺史、岭南节度使。惠政及民，政绩卓著，"交广大治"。唐代著名文学家韩愈在广州菠萝庙《南海神庙碑》文中的主角"鲁国孔公"，就是孔戣。

孔戣于唐元和十五年，迁吏部尚书侍郎。穆宗长庆元年(821年)改右散骑常侍，长庆二年迁正议大夫、尚书左丞，并以礼部尚书致仕。长庆四年卒，赠兵部尚书。葬河南开封府河阴县广武原。"粤人感其德政建名宦祠于广庠祀

头门

之。”

孔尚书祠的建祠时间不详。20世纪60年代后期起，本祠曾用作工厂，瓦面、地面及墙壁曾遭局部破坏。到20世纪90年代初，族人以“群众集资建设老人活动中心”的名义修葺，于1995年竣工。

该祠坐北向南。前面是开阔的地坪及池塘。占地4657.60平方米，其中建筑面积210.65平方米。祠深二进，通进深19.15米。两进均为硬山顶，灰碌筒瓦，陶瓦当，滴水剪边，灰塑龙船脊。

一进头门面阔三间11米，进深两间4.35米。明间石额刻阴文楷书“孔尚书祠”，落款“光绪癸未夏日吉旦”，“黄景真拜书”。前廊四架梁用四根方形砂岩石柱和青砖墙承重。三面墙身顶部绘有戏曲人物及花草图案，次间的联系枋（俗称虾公梁）上石狮子雕刻精细。头门后是一面阔4.80米，进深5.10米的铺石天井，两边各有面阔5.10米，进深2.30米的卷棚顶连廊通拱门入后寝。

二进后寝面阔三间11米，进深三间9.70米。十五架梁用两根石柱和四根圆，木柱连后墙(青砖墙)承重。明间后是安放祖先牌位的神龛，神龛台基用硬木雕刻。现用作村老人活动中心。

2002年7月，广州市人民政府公布为文物保护单位。

狮型斗拱

墀头盘头上的砖雕

头门大门

各式木雕

飞檐与正脊

山顶正脊

架梁

夔纹装饰

二进

二进

头门背面

神龛

阙里南宗祠

位于大龙街大龙村。阙里南宗祠是孔氏番禺小龙房的祖祠，是纪念小龙房的始祖、孔子四十七世孙孔粹及其后各代先祖的。阙里南宗祠又称“玉书堂”。

孔氏番禺小龙房于南宋绍兴年间(1131—1163年)落籍。孔粹原居广州彩虹桥，后迁居南海丹灶苏坑村。孔粹去世后，元勋、元凯兄弟依相士意见，迁居番禺小龙，以其父孔粹作为小龙房的始祖。

阙里南宗祠始建于明代中叶。曾多次重修。现所见为清光绪九年(1883年)平基重修的形貌。经历一百多年的风雨侵蚀以及人为破坏，祖祠已部分损坏。2000年，族人集资再次重修，耗资人民币60多万元，基本保留原貌。正门上的牌匾为明代户部尚书郎叶春(惠阳人)所书，20世纪60年代曾被毁坏。20世纪90

头门

年代，族人按原件字迹重立(边框为原件)。大门前方池塘边，曾有多组旗杆夹，后亦被毁。

该祠坐北向南。前面是一开阔的地坪及池塘。占地9315.80平方米，其中建筑面积849.30平方米。祠深三进，通进深57米。三进均为硬山顶，灰碌筒瓦，陶瓦当，滴水剪边，灰塑龙船脊。

一进头门面阔三间14.90米，进深两间7.30米。明间石额刻阴文楷书“阙里南宗祠”，左右两边有石狮子。前廊九架梁用四根方形砂岩石柱和青砖墙承重。头门次间前后有面阔5.10米，进深3.50米，高0.77米的石包台，正面青砖墙身上有高2.50米、宽2.50米的通花砖雕。头门后是一面阔10.80米，进深11.10米的铺石天井，两边各有面阔3.10米，进深20米的卷棚顶连廊通拱门入面阔10. 80米，进深8.30米的月台。

二进中堂面阔三间10.80米，进深四间12.80米。十三架梁用四根方形砂岩石柱和四根圆木柱连青砖墙承重。明间项上悬挂“玉书堂”木横匾，是孔子第77代长孙孔德成题书。中堂后为一面阔8.20米，进深6.30米的铺石天井，两边

头门

头门背面

二进

二进背面

神龛

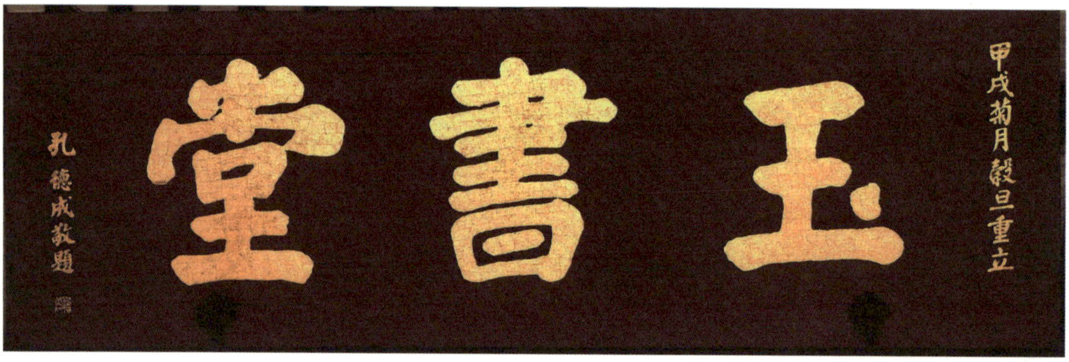

木刻横匾“玉书堂”

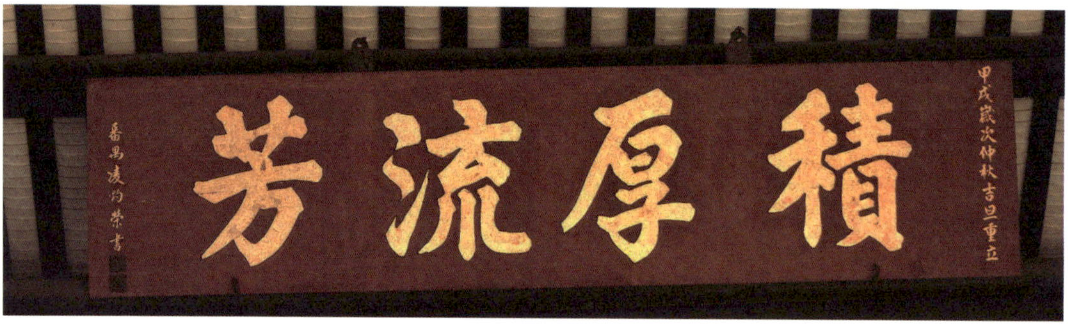

木刻横匾“积厚流芳”

二进

各有面阔2.40米，进深6.30米的卷棚顶连廊入后寝。

三进后寝面阔三间10.80米，进深五间10.95米。十七架梁用四根方形砂岩石柱和六根圆木柱连后墙(青砖墙)承重。明间后是安放祖先牌位的神龛，神龛台基用硬木雕刻，神龛上悬挂“积厚流芳”木横匾。

2002年7月，广州市人民政府公布为文物保护单位。

一进背部局部

对联

木雕

木雕

木雕

头门木刻横匾“阙里南宗”

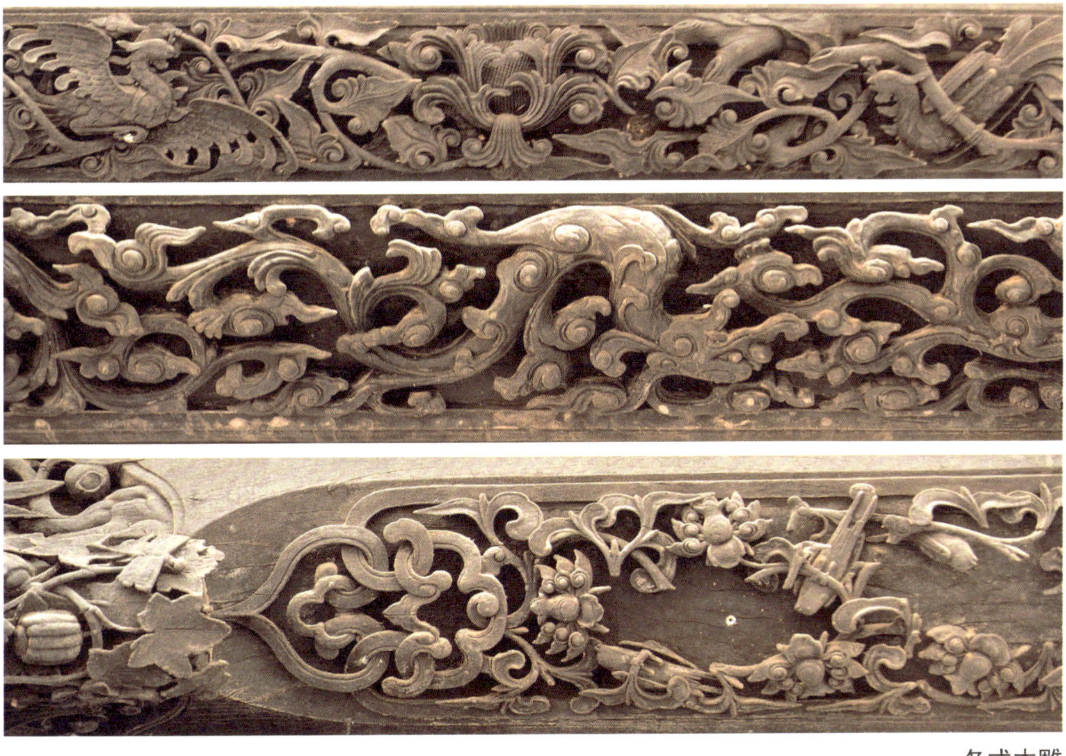

各式木雕

石狮

石刻花窗

各式木雕

墀头盘头上的砖雕

封檐板上的木雕

飞檐与正脊

山顶正脊上的灰塑

绍宗古公祠

位于大龙街傍江东村仁厚大街26号。建于清末。1998年由族人按原貌重建。占地648.95平方米。

祠堂坐北向南。前面有一开阔的石地坪。深二进，通进深29.80米。正面为主体建筑，两侧为衬祠。整祠为硬山顶，灰碌筒瓦，陶瓦当。一进头门面阔三间15米，进深两间9.60米。明间石额刻着“绍宗古公祠”。次间的联系枋(俗称虾公梁)上石雕纹饰精细，梁上有石狮子，四根石柱上雕刻有戏曲人物，两侧墀头上砖雕依然保存完好。头门后是一面阔12米，进深8米的石天井，两边有连廊入后寝。

二进后寝面阔三间15米，进深三间12.20米。梁架前后用两根石柱和四根坤甸圆木柱连后墙(砖墙)承重。横梁正中挂一木牌匾刻着“追远堂”。中央是放置祖先牌位的神龛，神龛台基用硬木雕刻。

头门

狮型斗拱

雀替

墀头盘头上的砖雕

石刻花窗

封檐板上的木雕

各式木雕

飞檐与正脊

山顶正脊上的灰塑

山顶正脊上的灰塑

二进

神龛

南宾黄公祠

位于大龙街莲塘村莲塘街79号。建于清朝光绪十四年(1888年)。祠堂坐北向南。门前有一开阔地坪，地坪前有池塘。占地592.10平方米。

深二进，通进深22.50米。正面为主体建筑，两侧为衬祠。两进均为硬山顶，灰碌筒瓦，陶瓦当。一进头门面阔三间11米，进深两间7.10米。头门石额刻“南宾黄公祠”。前廊有两根砂岩石柱与两侧砖墙承重，联系枋(俗称虾公梁)上石雕纹饰精细，上有石狮子。两侧墙头上有砖雕图案，工艺精细，保存完好。

二进后寝面阔三间11米，进深两间9．50米。梁架前后用四根石柱和四根圆木柱连后墙(砖墙)承重，檐下用木板栏边，雕刻有花纹。后墙正中是安放祖先牌位的神龛，神龛台基用花岗岩石砌成。

头门

头门石刻横匾“南宾黄公祠”

木雕

狮型斗拱

封檐板

砖墙上的壁画

木雕

山顶正脊上的灰塑

雀替

墀头盘头上的砖雕

龚氏宗祠

位于大龙街罗家村武陵街14号。始建年代待考证。1986年由村民集资重修。该祠坐南向北。前面是一开阔的地坪。

该祠深三进，通进深40.30米。正面为主体建筑，两侧为衬祠。占地1233.85平方米。硬山顶，灰碌筒瓦，陶瓦当，滴水剪边。一进头门面阔三间18.50米，进深两间8.20米。明间石额刻着“龚氏宗祠”。前廊有四根方形砂岩石柱，联系枋(俗称虾公梁)上石雕纹饰精细，上有石狮子。头门后为面阔18.50米，进深16. 30米的铺石天井。

二进中堂面阔18.50米，进深10.80米。梁架前后用两根圆木柱连青砖墙承重。正中悬挂着“远庆堂”木匾。两边有拱券门入后寝，左门石额刻着“入荐”，右门石额刻着“出弟”。

三进后寝面阔18.50米，进深13.40米。梁架前后用两根圆木柱连后墙(砖墙)承重。后墙中央是放置祖先牌位的神龛，正中挂“佑启后人”木刻横匾。

头门

头门

石雕

头门背面

远庆堂

二进

各式木雕

封檐板

木刻横匾“佑启后人”

对联

狮型斗拱

石雕

正脊上的灰塑

内堂局部

正脊上的灰塑

花窗

招氏宗祠

位于大龙街罗家村南约大街5号。建于清初。清嘉庆十九年(1814年)季冬吉日重修。祠堂坐北向南。前面有一开阔地坪，两侧各有两对旗杆夹。

深二进，通进深32米，占地533.76平方米。一进头门面阔三间13.50米。进深两间6米。硬山顶，灰碌筒瓦。明间石额刻着“招氏宗祠”。前廊有四根方形砂岩石柱，联系坊（俗称虾公梁）上石雕纹饰精细。

二进后寝面阔三间13.50米，进深三间12米。硬山顶，灰碌筒瓦。十九架梁前后用两根石柱和四根圆木柱连后墙(砖墙)承重。正中悬挂“永裕堂”木匾，后两柱挂木刻对联：“永守宗飘寻基繁衍其后裔；裕留世泽勤革功勋仰前人”。

后墙中央是放置祖先牌位的神龛，神龛台基用花岗岩石雕刻。左侧墙上镶嵌着重修石刻碑记。

头门

石刻门额“招氏宗祠”

石阶

墀头盘头上的砖雕

虾公梁

木刻横匾“永裕堂”

封檐板上的木雕

正脊上的灰塑

正脊上的灰塑

山顶正脊上的灰塑

石柱础

山顶正脊上的灰塑

山顶正脊上的灰塑

容庵梁公祠

位于石碁镇塱边村东约大街3号。建于清末。于1997年重修。祠堂坐北向南。前面是一开阔的地坪。深二进，通进深23.97米。正面为主体建筑，两侧为衬祠。硬山顶，灰碌筒瓦，陶瓦当，滴水剪边。占地575平方米。

一进头门面阔三间12.53米，进深两间7.40米。明间石额刻着“容庵梁公祠”。联系枋(俗称虾公梁)上石雕纹饰精细，上有石狮子，四根方形石柱和砖墙承重，两则墀头砖雕有部分保留。

二进后寝面阔三间12.53米，进深三间14.10米。梁架前后用两根石柱利四根圆木柱连后墙(砖墙)承重。后墙中央是放置祖先牌位的神龛，左侧连廊墙上镶嵌着1997年重修碑记。

头门

附：该祖祠在1941—1949年为中国共产党领导的广州游击第二支队的据点，当时游击队员们用的武器大部分藏在二进前的装饰瓦圆拱空隙上。抗日战争后期，广州游击第二支队番禺独立团就在该祠堂宣布成立，解放番禺县市桥地方的战士们出征的红旗就在该祠堂门前地堂升起。

狮型斗拱

雀替

头门背面

头门背面

头门局部

封檐板上的木雕

山顶正脊上的灰塑

山顶正脊上的灰塑

观澜周公祠

位于大龙街新桥村南坊下街39号。始建年代待考证，是观澜公后人集资为其兴建的祠堂。坐北向南，前面是一开阔的地坪。深二进，通进深18.50米，占地341.38平方米。一进头门面阔三间10.10米，进深两间4.20米。硬山顶，灰碌筒瓦，陶瓦当，滴水剪边。明间石额刻着“观澜周公祠”，前廊用四根方形砂岩石柱与砖墙承重，柱托莲花状，联系枋(俗称虾公梁)上石雕纹饰精细。

二进后寝面阔三间10.30米，进深两间9.20米。硬山顶，灰碌筒瓦，陶瓦当，滴水剪边。用四根圆木柱与后墙(砖墙)承托梁架，梁架上雕有花草图案，瓦面底部的三面墙上均绘有古画，现仍清晰可见。后墙中央是放置祖先牌位的神龛，神龛台基用花岗岩石雕刻。

头门背面

头门

各式木雕

各式木雕

周氏宗祠

位于大龙街新桥村南坊下街17号。始建于清朝光绪七年（1881年）。祠堂坐北向南，前面是一开阔的地坪，两侧均竖立着两对旗杆夹。

深三进，通进深27.50米，占地760平方米。一进头门面阔三间12.45米，进深两间8.50米。硬山顶，灰碌筒瓦，陶瓦当，灰塑龙船脊。明间石额刻着“周氏宗祠”，前廊用四根砂岩石柱和砖墙承重。联系枋(俗称虾公梁)上各有一只石狮子，梁架上斗棋、驼峰雕刻有戏曲人物。

二进中堂面阔三间12.45米，进深两间10米。硬山顶，灰碌筒瓦，陶瓦当，灰塑龙船脊。正中横梁上悬挂着“爱莲堂”木匾。檐下施仿木结构形式的斗拱。

三进后寝面阔三间12.35米，进深三间9米。梁架前后用两根石柱和四根圆木柱连后墙(砖墙)承重。后墙中央是放置祖先牌位的神龛，神龛台基用花岗石雕刻。

头门

旗杆夹

包台

木刻横匾“爱莲堂”

砖墙上的壁画

二进

木雕

木雕

头门背面

石柱础

连廊

神龛

三进

胡氏宗祠

位于大龙街石岗西村万石大街29号。始建于清朝。1997年胡氏族人捐资重修。祠堂坐北向南。前面是一开阔的地坪。深二进，通进深37.50米，建筑面积528.75平方米。一进头门面阔14.10米，进深两间5米。硬山顶，灰碌筒瓦，陶瓦当。明间石额刻着“胡氏宗祠”，两边石额对联：“苏湖世泽；淮海家风”。前廊左墙嵌有胡氏宗祠重修碑记。前廊用四根方形砂岩石柱和砖墙承重。联系枋上斗拱、驼峰、石雕纹饰精细，前檐两边墙上镶嵌戏曲人物石雕。

二进后寝面阔三间14.10米，进深三间9.30米。硬山顶，灰碌筒瓦，陶瓦当正中悬挂“光庆堂”木匾，梁架前后用两根石柱和四根圆木柱连后墙(砖墙)承重。后墙中央是放置祖先牌位的神龛，神龛台基为通花木雕，手工精细。

2005年9月，广州市人民政府公布为登记保护文物单位。

头门

石刻门额“胡氏宗祠”

墀头盘头上的砖雕

雀替

异型斗拱

山顶正脊上的灰塑

山顶正脊上的灰塑

山顶正脊上的灰塑

木雕

石柱础

陈氏宗祠

位于石碁镇金山村陈庄大街北4号。始建于清朝初年。咸丰六年（1856年）重修，新中国成立后又多次重修。

祠堂坐北向南。前面是一开阔的地坪，两侧竖立着两对旗杆夹，上有文字“嘉庆十二年丁卯科试第四十六名举人陈步蟾立”，“光绪二十八年稍行恩正并科顺天乡试第八十七名举人陈崇城立”。

深二进，通进深28米。正面为主体建筑，两侧有衬祠。占地480平方米。一进头门面阔三间12.30米，进深两间8米。硬山顶，灰碌筒瓦，陶瓦当。明间石额刻着“陈氏宗祠”。

头门后是铺石天井，两侧有走廊通后寝。

头门

二进后寝面阔三间12.3米，进深三间10米。硬山顶，灰碌筒瓦，陶瓦当。梁架前后用两根石柱和四根圆木柱连后墙(砖墙)承重。后墙中央是放置祖先牌位的神龛，神龛台基用花岗岩石雕刻，台上有神龛。

石刻门额“陈氏宗祠”

二进天井

山顶正脊上的灰塑

二进

架梁

神龛

吴氏十世祖祠

位于石碁镇金山村塘前大街1号。始建于清朝光绪丁亥年（1887年）。祠堂坐北向南。前面是一开阔的地坪。

深四进。正面为主体建筑，两侧为衬祠。建筑面积658平方米。一进头门面阔三间80米，进深两间6.50米。硬山顶，灰碌筒瓦，陶瓦当。明间石额刻着“吴氏十世祖祠”。前廊用四根方形砂岩石柱和砖墙承重。

二进仪门是砖石结构的牌楼，四柱三间三楼，明间庑殿顶，正面刻着“流芳百世”，背面刻着“忠孝”二字。

三进中堂面阔三间11.80米，进深三间15.30米。硬山顶，灰碌筒瓦，陶瓦当。梁架前后用四根方形石柱和四根圆木柱连砖墙承重，大梁底部雕刻有花草图案。

四进后寝面阔三间11.80米，进深三间16米。硬山顶，灰碌筒瓦，陶瓦当。梁架前后用两根方形石柱和四根圆木柱连后墙(砖墙)承重。后墙中央是放置祖先牌位的神龛，神龛台基用花岗岩雕刻。

头门

门巷

异型斗拱

雀替

头门背面

木雕

窗花

石柱础

山顶正脊上的灰塑

天井

张氏宗祠

位于石碁镇金山村金监堂义里上街14号。始建于清朝初年。“张氏宗祠”堂名“金鉴堂”，原称“清河堂”，是为了纪念唐代承相、曲江张氏九龄公，也是为了纪念曲江张氏后人、永善张氏始祖宗荣公而建。1983年该村村民集资重修。

祠堂坐北向南。前面是一开阔的水泥地坪。深三进，占地497.20平方米。一进头门面阔三间10.90米，进深两间6米。硬山顶，灰碌筒瓦，陶瓦当，灰塑龙船脊。明间石额刻着“张氏宗祠”。前廊用两根方形砂岩石柱和砖墙承重，联系枋（俗称虾公梁）上有石狮子。

二进中堂面阔三间10.90米，进深两间9米。硬山顶，灰碌筒瓦，陶瓦当。梁架前后用四根石柱和四根圆木柱连砖墙承重。正中悬挂着“金鉴堂”木匾。

头门

屏门中间镶嵌着张天师画像，画像左边写着“符衔白虎佐国安民”，右边写着“鼎护青龙修真养性”。大梁底部雕刻有花纹。

三进后寝面阔三间10.90米，进深三间12米。硬山顶，灰碌筒瓦，陶瓦当。梁架前后用两根方形石柱和四根圆木柱连后墙(砖墙)承重。后墙中央是放置祖先牌位的神龛，神龛台基用花岗岩雕刻。山墙顶端都绘有山水、花鸟等壁画。梁架上的木雕有些还能看清。

狮型斗拱

雀替

二进背面

金鑑堂

斗拱木雕

木雕

灰塑

石柱础

门枕石

飞檐与正脊

神龛

张氏大宗祠

位于大龙街石岗东村宁仁大街47号。该祠始建年代不详，清代有重修。坐北向南。深三进，总面阔(包括青云巷)20.60米，总进深51米，建筑面积969平方米。硬山顶，卷耳封火山墙，博古灰塑瓦脊，花岗岩石脚，青砖墙。

一进头门面阔三间，进深两间。大门两侧各有石狮子一只，东西各有包台，前廊为三步梁，后廊为六步梁，用八根石柱和两根圆木柱承托梁架。头门两侧各有青云巷和衬祠。青云巷上有石额，东刻“钱选”，西刻“河鸣”。衬祠上有石额，东刻“道南”，西刻“铭西”。头门后有一天井，两侧有卷棚顶连廊和硬山顶廊庑。经天井上五级台阶至月台，月台前有护栏，石阶护栏前柱上各有石雕小狮子一只，月台两侧有硬山顶廊庑。

二进大堂面阔三间，进深三间。堂内用两根石柱和四根圆木柱立地承托梁架。前后各有屏风，大掌正中悬挂木刻横匾“滋德堂”。大堂后有天井，两侧

木刻横匾“张氏大宗祠”

有卷棚顶连廊。

三进后寝面阔三间，进深三间。用两根石柱和六根圆木柱立地承托梁架。前有卷棚顶飘雨廊。

石狮

异型斗拱

雀替

头门背面

木刻横匾“滋德堂”

二进局部

二进

正脊上的灰塑

正脊上的灰塑

正脊上的灰塑

正脊上的灰塑

二进局部

连廊

木雕

封檐板上的木雕

神龛

罗氏大宗祠

位于大龙街傍江西村中和大街8号。该祠始建年代不详，清代有重修。坐北向南。深三进，总面阔(包括青云巷)20.40米，通进深38米，建筑面积714平方米。硬山项，灰塑龙船瓦脊，白石脚，青砖墙。

门前有一地坪，地坪前有一条玉带河，河边两侧各有旗杆夹一对，旗杆夹上有华表、石狮子。

一进头门面阔三间，进深两间。大门两侧有包台，门前两侧各有一只石狮子。大门对联：“考亭衍学；仙观征祥”。头门山墙前墀头上砖雕人物保存完好，前檐石柱上有石雕古人像，联系枋（俗称虾公梁）上有石狮子。头门两侧有青云巷，上有鼓楼。青云巷上有石额东刻“锦旗”，西刻“玉带”。头门后有天井，天井有石台阶上一小月台，两侧有卷棚顶连廊。

头门

二进大堂面阔三间，进深三间。用四根石柱和四根圆木柱承托梁架。堂前两侧有屏风，大堂正中悬挂“保大堂”木刻横匾。东侧有一圣旨匾上刻“探花及弟”。

大堂后有天井，两侧有卷棚顶连廊。

三进后寝面阔三间，进深三间。用两根石柱和四根圆木柱连后墙(青砖墙)承托梁架。堂内设奉祀先祖的神龛。

石狮

衬祠

异型斗拱

旗杆夹

侧门

保大堂

二进

木雕

屏风

二进

封檐板上的木雕

山顶正脊上的灰塑

山顶正脊上的灰塑

神龛

江氏宗祠

位于大龙街沙涌村东南大街36号。该祠始建于清代。坐北向南。为二进一天井建筑。头门面阔三间12.30米，进深两间8.20米。硬山顶，灰碌筒瓦，灰塑雕花瓦脊，青砖墙，0.90米高的花岗岩石脚。头门石额阳文楷书刻着“江氏宗祠”。头门前两边有1米高的花岗岩石座，上有大石鼓，两边各有阔4.30米、深4.30米、高0.80米的花岗岩石包台。包台基座有精致石雕，分别为“瓜果”、“麒麟”、“凤凰”、“蝠鼠”图案。前廊用四根方形石柱和两根圆木柱连青砖墙承重。头门两边有青云巷，东巷石额“出弟”，西巷石额“昭来”。

头门

石鼓

墀头盘头上的砖雕

大门

木刻横匾“詒燕堂”

二进

各式木雕

飞檐局部

山顶正脊上的灰塑

山顶正脊上的灰塑

各式石雕

神龛

华斋朱公祠

位于石碁镇金山村朱庄大街。始建于清朝光绪十五年(1889年)。坐西向东。前面是一开阔的地坪。建筑面积122.25平方米。

深二进，通进深16.30米。头门面阔三间7.50米，进深两间6米。硬山顶，灰碌筒瓦。明间石额刻着“华斋朱公祠”。头门后为面阔5.30米，进深3.30米的铺石天井，两侧为面阔3.30米，进深3.30米的走廊通后寝。

二进后寝面阔三间7.50米，进深两间7米。硬山顶，灰碌筒瓦，梁架前后用两根石柱和两根圆木柱连砖墙承重。后墙中央是放置祖先牌位的神龛，神龛台基用硬木雕刻，台上建有神龛。

头门

小谷围街古祠堂

湛泉邵公祠

位于小谷围街贝岗村康衢大街二巷2号之五。坐北向南。深三进，总面阔13.65米，总进深47.05米，建筑面积639.20平方米。硬山顶，“人”字形封火山墙，龙船脊，灰碌筒瓦。

一进头门面阔三间，进深两间。前后共四根石柱与山墙承托九架梁。头门石额阳文楷书刻：“湛泉邵公祠”，落款：“光绪五年已卯仲春吉旦重修”。墀头有花草石雕。青砖石脚，磨砖对缝。头门左右有包台，花岗岩石檐柱，后檐步梁有雕成如意浮雕的驼峰。各进之间的天井两侧有连廊，卷棚顶。二进中堂面阔三间，进深三间。前后有坤甸木金柱六根，八角石檐柱四根。前檐柱为火山角砾岩，十三架梁。木雕、驼峰、雕饰细致，有花草、如意纹饰。三进后寝面阔三间，进深四间。前后八根圆木柱与后墙承重。前有卷棚顶、飘雨廊。十三架梁，檐梁木墩雕饰花草细腻。中、后座及两廊地面现已改铺耐磨砖。

祠内现放有《迁建耕隐祖祠碑记》一块，原耕隐祖祠在湛泉邵公祠东侧。

头门

头门石刻横匾“湛泉邵公祠”

木刻横匾“经世堂”

头门背面

二进

二进背面

三进

神龛

墀头盘头上的砖雕

各式石柱础

山顶正脊上的灰塑

滴水剪边和封檐板

花窗

门枕石

壁画

壁画

木刻梁架

木雕

邵氏宗祠

位于小谷围街贝岗村和乐坊10号。始建于明天启二年（1622年）。清宣统元年(1909年)重修。深三进，总面阔11.85米，总进深35.90米：建筑面积425.42平方米。坐西北向东南。硬山顶，“人”字形封火山墙，灰碌筒瓦，青砖墙，花岗岩石脚。一进头门面阔三间11.85米，进深两间6.90米。前后花岗石檐柱承托十一架梁。木雕联系枋（俗称虾公梁），步梁上有木雕花草如意驼峰。墀头有砖雕，部分已剥落。原有龙船脊已毁。大门两侧均有包台。头门后有一天井，天井西侧有连廊(东侧连廊已拆)。

二进仪门为砖砌牌坊，拱形门，上有一楼，硬山顶，博古灰塑瓦脊，门上石额匾刻“茇棠遗荫”。砖柱子上有红色形似蟾蜍的瑞兽纹饰。牌坊前后天井两侧有连

头门

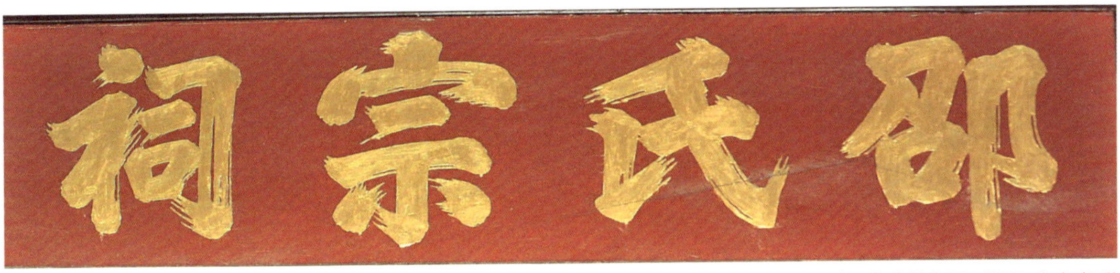

头门木刻横匾“邵氏宗祠”

廊，东侧连廊已毁。天井为花岗石铺砌。

三进后寝面阔三间11.85米，进深三间13米。前后有六柱，前檐两柱为八角火山角砾疆柱，其余为坤甸木柱，十三架梁。后墙正中有砖砌并刻有浮雕的神台。瓦面博古脊。后座前天井的西廊墙上镶嵌一块高1.80米、宽0.76米的重修孔安堂碑记，下款为“宣统元年岁次己酉季冬吉旦重修”，上记“六世丹崖祖由南海三山徙居南亭十世琛甫祖元至正间贝山延绵至今征蕃衍”。同时记录了重修捐款芳名，始建年代的碑记缺失。

木雕

头门

山顶正脊上的夔纹装饰

墀头盘头上的砖雕

仪门山顶正脊上的灰塑

山顶正脊上的灰塑

山顶正脊上的夔纹装饰

林氏大宗祠

位于小谷围穗石村穗石大街52号。建于清乾隆三年（1738年）。坐西向东。深三进，硬山顶，“人”字形封火山墙，博古灰塑瓦脊。

一进头门面阔三间14.97米，进深两间8.20米。前檐下四根石柱和正面墙大门两侧有两根圆木柱承托梁架，后檐柱有两根石柱承托，前后共十五架梁。前檐柱造型独特，柱子和柱础均为红砂岩石打制，平面成八角形，柱身成花瓣形弧线状，柱础亦成花瓣形状，八边形石础刻有花纹图案。后檐柱的风格与前檐柱的风格一致。头门内原有屏风已拆除。次间面墙设置砖雕花窗。大门两侧有石鼓一个。门上匾额刻“林氏宗祠”。头门后有一天井，天井两侧有连廊和廊庑，连廊为卷棚顶，廊庑为硬山顶。天井经五级石阶上月台。月台前有围栏，两侧分别栽种一个“鸡蛋花”树，树龄不短。月台石阶第一级两侧均有小石狮一只。

二进中堂面阔三间14.97米，进深三间9米。堂上悬挂木匾一块，刻“问礼堂”。堂内用四根石柱和四根圆木柱与山墙承托梁架。中堂后为一天井，两侧

头门

鸡蛋花树

有连廊。连廊内有1990年重修碑记，记录重修捐款芳名。

三进后寝面阔三间14.97米，进深三间9.20米。金字梁架已改成水泥混凝土结构，只保留梁架下的两根石柱和四根圆木柱。后墙中央有一供奉先祖神主的神台一座。

2005年9月，广州市人民政府公布为登记保护文物单位。

石鼓

头门木刻横匾“林氏大宗祠”

砖墙上的壁画

二进

一二进之间天井

二进

二进背面天井

三进

横巷

青云巷上石额

青云巷上石额

石柱础

砖墙上的壁画

墀头盘头上的灰塑

木雕

各式木雕

山顶正脊上的灰塑

山顶正脊上的灰塑

滴水剪边和封檐板

飞檐局部

雅乐黄公祠

位于小谷围街穗石村中约大街8号。始建于清初康熙三年（1664年）。坐西向东。深二进，总面阔12.25米，总进深13.20米，建筑面积161.70平方米。

一进头门面阔三间12.25米，进深两间5米。青砖墙，红砂岩石脚，前檐柱为红砂岩石柱，明间上施跨空枋，枋上施花鸟、如意纹饰的斗拱，前廊步梁驼峰斗拱雕刻花纹精致细腻。头门石额阳文楷书刻着“雅乐黄公祠”，落款为“清康熙乙未仲冬吉旦”。

后檐柱为红砂岩石制作，挡中门被拆除，原祠前后两廊的石柱改为砖柱，头门两侧有包台，头门后有一天井，两侧有连廊。

二进后寝面阔三间12.25米，进深两间5米。十一架梁用两根石柱、两根圆木柱、后墙(青砖墙)承重。有柱槽，保留了红砂岩覆盆柱础。

整幢建筑保留较完整。

头门

大门

石柱础

二进

崔氏宗祠

位于小谷围街北亭村渭水大街14号。始建于清咸丰十年（1860年）。深三进，坐西向东。主要建筑有头门、中堂(大衍堂)和后寝。两侧由青云巷相为衬祠，衬祠高两层，二层前砌花岗岩栏板。青云巷的门额分别刻“礼门”和“义路”，青云巷瓦脊上饰灰塑博古纹。该祠总面阔为39米，总进深为52.80米，建筑面积2059.20平方米。头门前有地坪铺砌有石板，面积约280平方米。

一进头门面阔三间20米，进深两间9.80米。青砖墙，花岗岩石脚，前后廊梁架如意驼峰斗拱承托檩桁，墀头纹饰为砖雕戏曲人物造型生动，瓦正脊

旗杆夹

头门

为灰塑博古纹。大门前两侧有石豉一个。

二进中堂(大衍掌)面阔三间20米，进深三间14米。中堂前有月台，月台前有围栏，由五级石阶登上，第一级两侧有小石狮一只。月台两侧设圆门通两侧廊庑，圆厅上石额分别刻着“洞洞”和“洋洋”。堂两廊保存完好，内十九架梁用八柱和两山墙承托。

三进后寝面阔三间20米，进深两间13米。十三架梁用六柱和后墙(青砖墙)承托。头门后右侧步梁榫头朽烂，用砖柱承托梁体，左边廊庑损坏。中堂大梁榫头朽烂，用砖柱承托，次间屏风已拆除；后寝有六根砖柱承托梁架。现在作为存放龙舟的地方。头厅前地坪上有旗杆夹石一块。上刻着“光绪六年庚辰科会试中试二百二十四进士　殿试三甲第三十名朝考二甲第九十名　钦点内阁中书　崔其濂立”。

2005年9月，广州市人民政府公布为登记保护文物单位。

石鼓

大门

头门背面天井

二进正面

二进

二进

三进

三进背面

青云巷石刻“燕翼”　　青云巷石刻“骏奔”

石刻“洋洋”　　石刻“洞洞”

墀头盘头上的砖雕

雀替

门台阶

各式木雕

各式木雕

青云巷正脊上的灰塑

砖墙上的灰塑

山顶正脊上的灰塑

神龛

南园崔公祠

位于小谷围街北亭村渭水大街10号。始建于清光绪二十九年（1903年）。深二进，坐西向东。面阔11.80米，总进深21.80米，建筑面积257.24平方米。青砖墙，花岗岩石脚，镬耳封火山墙。

一进头门面阔三间11.80米，进深两间8米。头门后有一天井，两侧有连廊。天井内有一红砂岩石切的水井台。前廊步梁木雕精细，墀头砖雕完整，正脊灰塑纹饰已拆改。二进后寝面阔三间11.80米，进深三间9米。有十五架梁，堂前飘雨廊为卷棚顶，正中施木雕“暗八仙”图案。

雀替

头门

墀头盘头上的砖雕

异型斗拱

雀替

木雕

东林梁公祠

位于小谷围街北亭村北亭大街69号。始建于清咸丰二年（1852年）。坐东南向西北。面阔12.70米，总进深22.60米，建筑面积287.02平方米。深二进，硬山顶，镬耳封火山墙，灰碌筒瓦。

一进头门面阔三间12.70米，进深两间7米。十一架梁。门前次间有包台，虾公梁上有石雕。二进后寝面阔三间，进深三间。两石柱，四杉木柱承托十三架梁。上挂“光大堂”木匾，下款“道光岁次丙午……”。后金柱挂对联：“立业维艰虽一粟一丝毋忘先泽，守成匪易遵六德六行不坠家声”。上款“民国三十四年重建”，下款“廿四传孙广泉书”。

头门

头门石刻横匾“东林梁公祠”

雀替

木雕

一进天井

木刻横匾“光大堂”

木刻花窗

木雕

二进

飞檐与正脊

山顶正脊上的灰塑

元始梁公祠

位于小谷围街北亭村北亭大街85号。始建于清雍正十年（1732年）。坐东南向西北二进结构，面阔14.17米，总进深29.40米，建筑面积416.6平方米。一进头门面阔三间，进深两间。“文化大革命”期间，头门上石额被水泥涂抹，已看不到原来的字，上面画上了“毛主席红军头像”和“大海红日”等纹饰。正脊上左边的博古纹已经损毁。大门新书对联：“春风杨柳万千条，六亿神州尽舜尧”。头门内两侧分别画反帝反封建的宣传画。头门左右有青云巷和衬祠，青云巷石额已用水泥砂浆覆盖。天井两侧的连廊已拆除。

二进后寝面阔三间，进深三间。十七架梁用两石柱、四根圆木柱连后墙承托，瓦脊上灰塑纹饰尚完整。两侧山墙内壁及后山墙均画有“文化大革命”期间遗留下来的画，正面墙上画有“毛主席军装像和有关毛主席语录”；右边山墙上用版画手法画“毛主席各个革命时期的画像”六幅；左边用白描形式画的“毛主席和各族人民在一起”的大幅画像。据了解，画者是当年回乡知的青梁肇铭，后到佛山陶瓷厂工作。

一进背部全景

墀头盘头上的砖雕

木雕

头门山顶正脊全景

雀替

青云巷上的灰塑

山顶正脊上的灰塑

飞檐上的灰塑

二进

关氏宗祠（绳武堂）

位于小谷围街南亭村南亭大道8号。始建于清代。南宋咸淳九年(1273年)，关氏始祖从南雄珠玑巷迁徙，次子以义迁入南亭村(四子以智迁入练溪村)。明正统五年(1440年)之后先后分家，号为八房份。明嘉靖十八年(1539年)，遂商议建关姓的祠堂，清顺治十三年(1656年)择地平土，勘察风水，卜日奠基，顺治十六年(1659年)落成。清嘉庆十三年(1808年)重修；1997年5月至1998年8月再重修。

祠堂坐东向西，主体建筑为三进，左侧有石额“蕴玉”的青云巷。一进头门面阔三间12.40米，进深两间。青砖墙，花岗岩石脚，前廊用梁架驼峰斗拱承托檩桁，次间墙上镶嵌有砖雕花窗(窗四周边镶嵌有回字纹饰)。头门左右有一对红砂岩石狮。

头门

二进中堂(绳武堂)，面阔三间12.40米，进深两间。堂内的八根柱子(檐柱、金柱)均已经改为水泥柱子，次间前墙上的花窗均为水泥构件。

三进后寝已改建为水泥钢筋结构，堂内的六根柱子尚为石柱。

2005年9月，广州市人民政府公布为登记保护文物单位。

大门

头门木刻横匾“关氏宗祠”

木刻横匾“绳武堂”

二进堂内

头门背面

二进正面

各式石雕

一进背部全景

狮型斗拱

飞檐上的灰塑

二三进之间天井

山顶正脊

神龛

灰塑

各式木雕

淡隐霍公祠

位于小谷围街练溪村练溪大街14号。始建于清康熙五十四年(1715年)。坐东北向西南。二进结构，面阔11.60米，总进深10.60米，建筑面积122.96平方米。两进均为硬山顶，“人”字形封火山墙，灰碌筒瓦，龙船脊，青砖墙，花岗岩石脚。一进头门面阔三间，进深两间。前后各有两根花岗岩石柱，七架梁。头门前两侧有包台。石虾公梁上有木雕，斗拱承桁。祠前有六级台阶。

头门右侧内墙镶嵌一块高0.54米、宽0.36米的“益后会碑记”，落款“光绪十二年”。头门后有一天井，两侧均有连廊和廊庑。二进后寝面阔三间，进深三间。两根石柱和四根圆木柱加后墙承托十一架梁。堂上挂“世泽堂”木刻横匾。天井两侧有连廊，连廊以头门檐柱及后寝前檐柱和砖墙承托瓦面。

据该祠后人说该祠供奉的祖先为霍氏大宗祠供奉之宗祖的第二子。

头门

石刻门额“淡隐霍公祠”

木刻横匾“世泽堂”

二讲

飞檐与正脊

石阶

石柱础

山顶正脊上的灰塑

木雕

霍氏大宗祠

位于小谷围街练溪村练溪大街16号。始建于清顺治十八年（1661年）。坐东北向西南。深三进，面阔12.46米，总进深39.40米，建筑面积490.92平方米。硬山顶，“人”字形封火山墙，灰碌筒瓦，龙船脊。头门前有两个包台。大门两侧各有一石鼓。一进头门面阔三间，进深两间。前后共有四根花岗岩石檐柱。次间正面墙有砖雕通花窗。头门两侧柱挂木联：“武功垂瀚海；文治纪循州”。外正面墙又挂木刻联：“环练水以筑新宫松茂竹苞永固茭州之字；缅文韬而思旧德流长源远绵延姬氏之宗”。墀头有砖雕戏曲人物，2000年维修时曾略加修补。二进中堂面阔三间12.46米，进深三间。前后八柱承托十三架梁。明间横梁正中挂“怀德堂”木刻横匾。前檐石柱为红砂岩。堂内圆柱为坤甸木。前檐次间墙有砖雕通花窗。中堂前有花岗石砌筑月台。三进后寝前天井两侧有连廊。后寝面阔三间，进深三间。前后六柱和后墙承托十一架梁。2000

头门

年维修时梁架更换，金柱仍为旧物。中堂、后寝地面在维修时改为花岗岩石块。祠内一块重修石碑记载：“此祠在乾隆戊辰年、嘉庆二十年曾重修。”

据村民介绍，香港富商、前全国政协副主席霍英东为霍氏大宗祠霍氏宗族后裔。

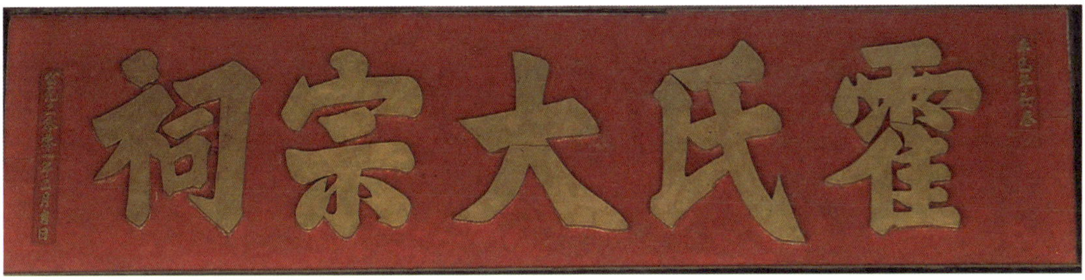

头门木刻横匾“霍氏大宗祠”

砖墙上的壁画

头门背面

木刻横匾“怀德堂”

砖墙上的壁画

二进

二进

二进背面

正门

滴水剪边和灰碌筒瓦

门枕石

狮型斗拱

石雕

砖雕

灰塑

木雕

各式木雕

壁画

灰塑

灰塑

灰塑

山顶正脊上的灰塑

连廊

神龛

萧氏宗祠

位于小谷围街练溪村练溪大街18号。始建于清光绪三十年（1904年）。坐东北向西南。深二进，面阔10.60米，总进深21.30米，建筑面积225.78平方米。硬山顶，龙船脊，灰碌筒瓦。头门上石匾额刻“萧氏宗祠”，落款“光绪甲午（按：1894年）仲夏毂旦重修。”一进头门面阔三间10.60米，进深两间。前檐花岗石柱，后檐砖柱，九架梁。前檐步梁上有精美的木雕。头门后有一天井，两侧有连廊。二进后寝面阔三间，进深三间。两根石柱和四根圆木柱连后墙承托十三架梁。堂上悬挂“光裕堂”木刻横匾，后墙前中央地方有神龛。

头门

头门石刻横匾“萧氏宗祠”

山顶正脊上的灰塑

天井

木刻横匾“光裕堂”

砖墙上的壁画

神龛

山顶正脊上的灰塑

头门背面

关氏宗祠

位于小谷围街练溪村朗尾大街10号。始建于清乾隆十六年（1751年）。坐北向南。深三进，青砖墙，花岗岩石脚，硬山顶。一进头门面阔三间11.80米，进深两间6.10米。前后檐柱为红砂岩石柱。头门对联：“世代知恩叨祖福，美途继往出新人”。二进中堂(世养堂)面阔三间11.80米，进深三间7.40米。用六柱和两山墙承托十三梁架，花岗岩石檐柱，次间面墙上有砖雕花窗。灰碌筒瓦，正脊灰塑龙船脊完好，山墙上的部分砖雕损坏。

1992年重修后堂，1994年重建连廊。

头门

墀头盘头上的灰塑

木雕

二进正面

木雕

木雕

滴水剪边和封檐板

滴水剪边和封檐板

木雕

飞檐

山顶正脊上的灰塑

二进堂内

各式石柱础

二进堂内

三进

梁氏宗祠

位于小谷围街北亭村北亭大街87号。始建于清道光三年（1823年）。坐东向西。原有三进，中、后寝已毁，仅存头门。主祠为悬山顶，龙船脊，灰碌筒瓦。头门面阔三间16.40米，进深两间8.75米。连两侧青云巷和衬祠总面阔40.97米。头门前后各有两石柱，九架梁。前檐花岗石柱，后檐火山角砾岩石柱，前檐柱之间有联系枋(俗称虾公梁)，梁上有两个兽雕柁墩，墩上设斗拱托桁。前檐下有虾公梁，头门前后两侧有包台。头门两侧有石鼓一个，门前有一对石狮子。门前木刻对联："本安定名宗考卜亭山绵世胄，选昌华胜地敞开轮奂壮尊彝"，下款"年家眷晚生陈文琪拜题"。

左青云巷石额"合壁"，右青云巷石额"珠联"。左右衬祠面阔10.08米，硬山顶，博古灰塑瓦脊。

2005年9月，广州市人民政府公布为登记保护文物单位。

头门

石鼓

石狮

头门背面

头门木刻横匾“梁氏宗祠”

木刻横匾“礼义是由”

木雕

飞檐局部

头门

陈氏宗祠

位于小谷围街北亭村北亭大街144号。始建于清嘉庆十三年（1808年）。坐西北向东南。深二进，面阔1 5.05米，总进深22.2米，建筑面积334.11平方米。两进均为硬山顶，灰碌筒瓦，龙船脊。一进头门面阔三间15.05米，进深两间7.20米。十一架梁，前后各有两根石柱和两根麻石联系枋（俗称虾公梁）。步梁上有木雕。二进后寝面阔三间15.05米，进深三间9米。前后六柱和后墙承托十五架梁。次间前檐墙上有通花砖雕。两侧山墙为蚝壳墙。

头门

头门木刻横匾“陈氏宗祠”

各式木雕

飞檐局部

滴水剪边和封檐板

山顶正脊上的灰塑

新造鎮古祠堂

云埜黎公祠

位于新造镇北约村3号。该祠始建于明代永乐十二年间（1414年）。1987年村民集资重修。坐南向北。祠前有一开阔地坪，再前有一鱼塘。祠深二进，通进深18.50米。建筑面积217.26平方米。

一进头门面阔三间11.75米，进深两间7.30米。硬山顶，镬耳封火山墙，红砂岩石脚，青砖墙，灰塑龙船瓦脊。红砂岩砌筑门框，明间石额刻“云埜黎公祠”用两根立地花岗岩石柱承托四步梁。头门后檐用两根立地花岗岩石柱承托梁架。

头门后有一天井，进深3米。两边连廊已改建为混凝土结构。

二进后寝面阔三间11.75米，进深三间8.20米。用四个花篮式石托顶承四根东京木圆柱和两根石柱承托十一梁架。正中悬挂横匾“淳耀堂”。明间后设水洗石米神龛一座，供奉先祖。

大门

头门横匾“云埜黎公祠”

砖墙上的壁画

木雕

头门背面

正脊上的灰塑

石柱础

飞檐局部

神龛

西涧祠

位于新造镇崇德行政村西涧自然村。据村民介绍，西涧祠建于明隆庆五年（1571年）。2003年由村民捐资对头门、大堂后一小部分进行改建，三进后寝翻新。该祠坐西北向东南。红砂岩墙脚。深三进，通进深44.16米，建筑面积680.80平方米(另据说，西涧祠原是由颜氏建造的祠堂，后该祠转为黎氏人所有)。

一进头门面阔三间12.10米，进深两间8米。现已改建为二层混凝土结构。明间顶上石额刻“西涧祠”。

二进大堂面阔12.10米，进深13.16米。只有后一小部分在2003年大修时改建为一层混凝土结构，其面阔12.10米，进深6.16米。大堂前7.34米现为水泥

头门

铺砌地面，后深8米为原来花岗岩石铺砌的天井。大堂右边向外扩建一座新厨房，厨房为混凝土结构，面阔4.90米，深20.30米，建筑面积99.47平方米。

2003年翻新三进后寝。面阔三间12.10米，进深三间14米。前廊用两根方石柱，后用四根红木圆柱立地承托梁架，“人”字形山墙。硬山顶，灰塑龙船瓦脊。右墙壁镶嵌一块癸未年修缮西涧公祠赞助人员芳名石碑。后寝明间正中设有神龛一座，用作拜祭先祖。

各式木雕

飞檐和正脊

神龛

石柱础

山顶正脊上的灰塑

神龛

曾氏宗祠

位于新造镇曾边大街38号。该祠建于清咸丰九年（1859年）。坐西向东。头门前有一广阔的地坪。祠深三进，通进深43米，占地1653.56平方米，其中建筑面积1152.40平方米(包括青云巷和衬祠)。

一进头门面阔三间11.60米，进深两间11米。硬山顶，灰塑龙船瓦脊。明间顶上木匾刻“曾氏宗祠”。前后共有八根立地石柱，四根联系枋承托梁架。头门左右是高1.33米的石砌包台，包台底座的石雕、吉祥纹饰、飞禽走兽栩栩如生。大门前左右有石狮子，左为雄狮，右为雌狮，十分威武。石狮墩上刻有花、鸟、鱼、虫，戏曲人物，其造型生动传神，雕工精细。墀头有砖雕，前檐琉璃瓦剪边。

头门

该祠两边有青云巷，每条青云巷面阔1.60米，进深43米。巷门石额被水泥砂浆覆盖。左右衬祠砖木结构，高两层，面阔4.30米。内有一天井，衬祠上有阁楼。阁楼的前檐有木雕。正面墙上建有花岗岩长方形的石框，内用蓝色的彩瓷圆筒装饰，颇有气势。头门后有一面阔12米，进深4米的石天井。

头门

二进大堂面阔11.60米，进深三间9米。前面是白岩石铺砌的月台。两个大圆门通青云巷。大堂后是铺石天井，两边有卷棚顶连廊从拱券门上后寝。20世纪50年代，大堂及其连廊拆毁，现为空地，长满野草。

头门局部

三进后寝面阔三间11.60米，进深三间17.80米。硬山顶，灰塑龙船瓦脊。用两根石柱和四根红木圆柱承托十三架梁。

二进内景

包台

各式石雕

墀头盘头上的砖雕

门枕石

飞檐局部

山顶正脊上的灰塑

各式木雕

山顶正脊上的灰塑

山顶正脊上的灰塑

各式石柱础

三进

三进

李氏宗祠

位于新造镇思贤行政村山屋自然村。始建时间不详。该祠坐北向南。深三进，通进深21.70米，建筑面积249.55平方米。

一进头门面阔三间11.50米，进深两间6米。硬山顶，灰塑龙船瓦脊。明间石额阴文楷书刻“李氏宗祠”。前廊用两根花岗岩石柱联系枋入榫连接山墙。头门内用两根红木圆柱承托梁架。头门后有一天井，面阔5米，进深5米。

二进大堂面阔11.50米，进深7米，已坍塌，只留墙基。

三进后寝面阔三间11.50米，进深三间8.70米。用两根石柱和四根红木圆柱连后墙（青砖墙）承托梁架。明间后是放置祖先牌位的神龛（已毁）。

该祠的一进及后寝保存尚好。

头门

头门石刻横匾“李氏宗祠”

各式木雕

山顶正脊上的灰塑

封檐板上的木雕

二进堂内

封檐板上的木雕

听泉屈公祠

位于新造镇思贤村大街33号。该祠始建于清光绪二十二年(1896年)。坐西向东。深三进，通进深39.30米，占地569平方米，其中建筑面积为487.32平方米。

一进头门面阔三间12.40米，进深两间9.30米。硬山顶，博古灰塑瓦脊。明间石额刻“听泉屈公祠”，前后廊各用四根石柱，两根联系枋入榫连接山墙。头门后有一铺石天井，进深7米，两边有卷棚顶连廊，均为三梁架承托斗拱和桁条，由券拱门入大堂。

头门局部

头门

二进大堂面阔三间12.40米，进深三间10米。硬山顶，彩色灰塑龙船瓦脊。十七架梁用两根石柱和四根圆木柱连青砖墙承托。架梁、额枋遍雕花草纹饰。大堂后有一面阔、进深均为5米的天井，两边有连廊。

三进后寝面阔三间12.40米，进深13米。用两根石柱和四根红木圆柱承托梁架。明间后设神龛(已毁)。

连廊

二进

头门背面

山顶正脊上的灰塑

山顶正脊上的灰塑

山顶正脊上的灰塑

神龛

黎氏宗祠

位于新造镇崇德行政村12号。该祠始建于清乾隆十六年（1751年）。1997年该村村民集资重修。坐西北向东南。深三进，通进深31.50米，建筑面积567平方米。

一进头门面阔三间18米，进深两间8米。头门山墙有高1.50米石墙，左右次间有石包台。门口用花岗岩砌筑大门框。明间石额刻“黎氏宗祠”，前廊用四根石柱与两根联系枋入榫承托四梁架，后檐用两根石柱、两根联系枋（俗称虾公梁）入榫承托两抱鼓梁架。硬山顶，灰塑龙船瓦脊，封火山墙。檐口木雕紧托桁条。梁架木雕有飞禽走兽、神龙等如意纹饰。头门后有一个用花岗石铺砌的天井，天井进深10米，两侧墙上有八角形门框。

二进大堂已改建成混凝土结构，黄色琉璃瓦装饰。大堂前有一月台，月台

头门

进深4米，砌有石雕护栏杆。

三进后寝面阔三间18米，进深三间9.50米。硬山顶，封火山墙。灰塑龙船瓦脊。掌内用两根石柱和四根红木圆柱承托、六莲花形梁架。明间正中设一神龛供奉先祖。

头门木刻横匾“黎氏宗祠”

木雕

连廊

各式木雕

山顶正脊上的灰塑

异型斗拱

飞檐局部

神龛

罗月黎公祠

位于新造镇南约村口唐口华街6号。始建于清同治五年（1866年）。坐西向东。深二进，通进深20.10米，建筑面积404平方米(包括左偏厢)。

一进头门面阔三间10.10米，进深两间6.50米。墙下有1.50米高的红砂岩石脚，青砖墙，“人”字形封火山墙，灰塑雕花龙船瓦脊。头门框用红砂岩石砌筑，花岗岩石匾上阴文楷书刻着“罗月黎公祠”。头门前后檐采用两根红砂岩八角石柱承托梁架。头门后有一铺石天井，面阔10.10米，进深4米。两边有连廊开拱券门入后寝。

二进后寝原来是面阔三间10.10米，进深三间9米。八架梁用两根石柱和四根坤甸圆木柱连后墙(青砖墙)承托。梁架瑞兽木雕精细，后墙檐下有一幅壁画。现墙壁有倾斜及裂缝。现后寝已改为水泥结构。

头门

祠的左偏厢为神厅，宽6.80米，深5米。内供奉关云长神像，香火鼎盛，内原来有四方大古井一口，现已填平。

罗月黎公祠于1996年曾小修。

头门石刻“罗月黎公祠”

木雕

头门背面

山顶正脊上的灰塑

石柱础

红砂岩石柱础